LA
TOUR ENCHANTÉE,

BALLET-FIGURÉ,

MÊLÉ DE CHANT ET DE DANSE;

Représentée a Versailles, devant

SA MAJESTÉ,

Le   Juin 1770.

DE L'IMPRIMERIE

De Pierre-Robert-Christophe Ballard , seul Imprimeur
pour la Musique de la Chambre & Menus-Plaisirs du Roi,
& seul Imprimeur de la grande Chapelle de Sa Majesté.

M. DCC. LXX.

Par exprès Commandement de Sa Majesté.

Les Paroles des ſcênes, ainſi que celles de pluſieurs des morceaux parodiés, ſont de M. JOLIVEAU.

La Muſique eſt de M. D'AUVERGNE, Surintendant de la Muſique de ſa Majeſté, & Directeur de l'Académie-Royale : à l'exception cependant du morceau chanté par Renaud & par les Chœurs dans la ſcêne troiſieme, lequel eſt de RAMEAU, de même que le *Duo* & le Chœur qui ſont à la fin de l'ouvrage ; & auſſi à l'exception du *Duo* qui termine la ſcêne ſeptieme, lequel eſt de MM. REBEL & FRANCŒUR.

Les Ballèts ſont de la Compôſition de M. de LAVAL, Maître des Ballèts du Roi.

AVERTISSEMENT.

On n'a nullement eu le projet de faire de la Tour-enchantée un acte d'Opera; la première intention étoit que ce fût uniquement un Ballet, dans le genre de ceux qui ont été exécutés à la Cour de Virtemberg: mais, outre que ce genre est froid ; qu'il faut beaucoup de contention d'esprit pour entendre nettement le sujet, qui n'est presque jamais bien rendu; on s'est persuadé que des chœurs & des simphonies , pour la plus part d'un mérite déja reconnu , ajoûteroient infiniment à l'impreſſion que l'on deſiroit que ce Ballet pût faire : d'ailleurs , on a penſé que ce ſeroit peut-être le ſeul moyen de raſſembler & de pouvoir faire entendre un nombre de beaux morceaux de muſique qui , ſans cela , demeuroient dans l'oubli , parce qu'ils ſe trouvent malheureuſement placés dans des ouvrages qui ne ſont pas ſuſceptibles de ſuccès.

C'eſt dans ce point de vue qu'on a imaginé d'expliquer le Ballet de la Tour-enchantée & d'en lier entre-elles les differentes parties par quelques ſcênes , qui ne doivent être conſidérées que comme ac-

cefloires , & fimplement deftinées à porter
plus de lumière fur le tableau que l'on
préfente.

Au furplus , on croit néceffaire de pré-
venir qu'avant d'offrir ce fpectacle , on a
fait , fur-tout dans ce qui concerne les
Tournois , les recherches les plus foi-
gneufes ; & que c'eft fûr des autorités pôfi-
tives qu'on offre l'image d'un Tournoi à
pié, comme on fuppôfe qu'ils s'executoient
du tems des Paladins : qu'on eft également
fondé par rapport aux Devifes, qu'on a em-
ployées , au lieu des Armoiries , qui n'ont
commencé que vers l'an 1150 , fous
Louis VII. qu'il en eft de même du re-
tranchement des Lices & Barrières, dont

on ne fit point d'ufage pendant longtems ,
& aux quelles on ne revint que quand on
eut reconnu que , fans elles , ces joûtes
militaires étoient fouvent fort dangereufes :
enfin, que dans la partie des habillements ,
ainfi que dans le coftume & les détails de
l'action du Tournoi , on s'eft , autant qu'il
a été théâtralement poffible , conformé à
ce que les meilleurs auteurs ont écrit fur
cette matière.

PERSONNAGES CHANTANT DANS LES CHŒURS.

CÔTÉ DU ROI.		CÔTÉ DE LA REINE.	
Les Srs.	Les Dlles.	Les Srs.	Les Dlles.
Joguet.	Canavas.	Heri.	Jobert.
Guerin.	le Monnier.	Candeille.	du Puis.
l'Evesque.	d'Aigremont.	Van-Hecke.	Reich.
Cauchois.	Friart.	Albert.	Châteauneuf.
Cogniel.	du Bois, c.	l'Ecuyer.	des Rôsières.
Surville.	Favier.	Cailteau,	le Bourgeois.
Bosquillon.	Camus.	Vatelin.	Beaumont.
Abraham.	Mezière.	du Croc.	Girardin.
Roisin.	le Clerc.	Cazes,	Fabri.
Cuvillier.	du Château.	de la Suze.	l'Etienne.
Cachelievre.	Bouillon.	Peré.	Arnould, c.
Fleuri.	Godonesche.	Larlat.	Chenais.
Putheau.	Bertrin.	Puceneau.	Hebert.
Charles.	Aubert.	le Begue.	Bon.
Joli.	des Jardins.	Bazire, l.	Durand.
Marcou.	d'Etourneau.	Besche, 3.	Fontenet.
Coussi.	du Mas.	Bazire, c.	d'Hautrive.
du Cornet.	Selle, m.	Pierrecourt.	Veron.
Méri.	Selle, f.	le Roux.	Voisin.
Méon.	Picot.	Cajeon.	d'Agée.
Borson.	d'Alloyau.	Feret.	de l'Or.
Cleret.		Laurent.	Jouette.
Tacusset.		Boi.	
Royer.		Itasse,	
Fradelle.		Parant, c.	
Beghaim.			
Ballion.			

ACTEURS.

La REINE *des* Isles d'Or,
  Fée,   la Dlle. du Bois.
ZÉLÉNIE, *Princeſſe des*
  Isles d'Or,   la Dlle. Arnould.
RENAUD d'EST, *Chevalier*
      François,   le Sr. l'Arrivée.
FLORESTAN, *Ecuyer de*
  Renaud,   le Sr. Pillot.
MARGIAN, *Génie malfeſant,* le Sr. Peré.
Un GUERRIER, *de la Suite*
  de Renaud,   le Sr. Durand.
Un autre GUERRIER, *de la*
  Suite de Renaud,   le Sr. Caſſaignade.
Une DAME de la Cour, la Dlle. l'Arrivée.
Un TROUBADOUR ; le Sr. le Gros.
Génies Malfesants.
Guerriers *du parti de* Renaud.
Guerriers *du parti de* Margian.
Chevaliers, *Tenants &* Aſſaillants.
Dames *de la Cour de la* Reine.
Peuples.
Juges *du* Camp.
Herauts.

les magiciens décababans sont prêts avant
que le Spectacle commence pour paroître
avec le magicien après L'ouverture ./.

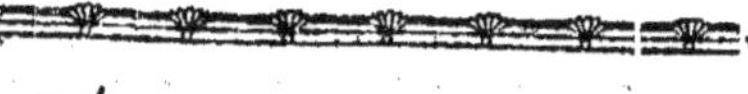

PERSONNAGES DANSANTS.

GÉNIES *malfesants*.

Le Sr. DU PRÉ.

Les Srs. ROGIER, LEGER.

Les Srs. Aubri, Lani, c., Huart, Guiardel, l.;
Rivet, Guillet, Liesse, Hennequin, l.,
le Roi, l. g., des Haies.

Les Dlles. ASSELIN, NIEL.

Les Dlles. de Miré, Blondeval, l'Huillier,
d'Elfevre, Patras, du Mesnil, Martin, Rosette,
Serville, de l'Orme, l. g.

CHEVALIERS *combattants*.

GRECS.

Le Sr. VESTRIS.

Les Srs. Hiacinte, le Lion, Rivet, des Haies.

Le Sr. SIMONIN.

SIRIENS.

Les Srs. Rogier, Leger, Trupti, Lani, c.

SCITHES.

Les Srs. du Pré, Granier, Hennequin, l., Huart.

B

INDIENS.

Les Srs. du Chaifne, Fay, Beaulieu, Gallet.
Le Sr. DES PRÉAUX.

DAMES DE LA COUR.

Les Dlles.

GUIMARD.

DU PEREI, D'ERVIEUX.

Les Dlles. Gaudot, Grandi, la Fond, le Clerc,
La Prairie, Gillfenan, la Chaffaigne, Adeline.

TROUBADOURS.

Les Srs. LANI, D'AUBERVAL.

Les Dlles. MION, PESLIN.

Les Srs. MALTER, BERQUELAURE.

Les Dlles. PITROT, DE L'ORME.

Les Srs. de Laiftre, la Rue, Béate, Giguet,
Doffion, le Roi, l. p., des Noyers, Hennequin, c.,
du Bois, Cafter, Girouft, Auger, Gougi,
Marchand, Martinet, Groffet.

Les Dlles. le Roi, Louifon, Fonbel, Thevenet,
Granier, le Vrai, Buché, Ifoire, Julie,
d'Auvilliers, Sidonie, Henriette,
du Chefnoi, Lolotte, Bordier,
Lalin.

*...mettre en place les géants et les
monstres. tenir les chars tous prets ainsi
que les chevaux./*

*Sur un prélude de 17. mesures Margian se
trouve placé au milieu du Théâtre entouré
des magiciens Dansants*

*Les M.rs des chœurs
sont sur les devant
à leurs places ord.res*

*20. des Soldats du
parti de margian
garnissent le fond*

*Les D.lles des chœurs
dans les coulisses
et sans être vues*

LA
TOUR ENCHANTÉE,
BALLET-FIGURÉ.

Le théâtre représente le palais souterrrein de
MARGIAN.

SCÊNE PREMIERE.

**MARGIAN, GÉNIES MALFESANTS
& GUERRIERS** de sa Suite.

MARGIAN.

(*Aux Génies malfesants.*)

MINISTRES de mon art, de cet art redou-
table,
Qui commande aux enfers & fait pâlir les
cieux ;   B ij

12 LA TOUR ENCHANTÉE,

(*Aux Guerriers.*)

Et vous, guerriers, témoins du trouble qui
    m'accâble,
Partagés les transports d'un amant furïeux.

Pour ma flâme j'ai tout à craindre.

Dévoré d'un amour, que rien ne peut étein-
    dre,
Dédaigné par l'objet qui regne dans mon
    cœur,
Indigné des mépris d'une superbe reine,
Qui l'ôsa refuser à ma brûlante ardeur;
    Je n'ai consulté que la haîne.
    Des Isles d'Or la fière souveraine
M'a vu dans ses états répandre la terreur;
Elle-même gémit, & mon pouvoir l'en-
    chaîne
    Dans les horreurs de la captivité.
    Sa fille, malgré sa beauté,
    Malgré l'amour, qui me la rend trop
    chere,
Partage le destin d'une coupable mere:

Mais votre bras en vain m'aura rendu vainqueur,
Si vous ne fecondés ma jaloufe fureur.

CHŒUR de Guerriers.

Nous jurons de fervir votre jufte colere.
    Nommés le mortel téméraire
    Par qui vous êtes outragé ;
    Nommés-le, & vous ferés vengé.

MARGIAN.

Mon rival, Renaud d'Eft, ce guerrier invincible,
Veut me ravir le bien d'où dépend mon
  bonheur.

(*Aux Génies malfefants.*)

Oppôfons un charme terrible
    Aux efforts de fa valeur :
Qu'il fuccombe à fon tour ; que ma haîne
    inflexible
    Jouïffe de fon malheur.

14 LA TOUR ENCHANTÉE,

(Sur un 1er. air, les Génies malfesants for-
ment leurs conjurations.)

MARGIAN.

Les ombres de la nuit & fon morne filence,
Pour furprendre Renaud, nous offrent leur
    fecours :
De fes profpérités allons borner le cours ;
Au milieu de fon camp qu'il tombe fans
    deffenfe.

(Aux guerriers.)

Uniffés la flâme & le fer ;
Vengés mon amour & ma gloire :
Redoublés vos efforts, difputés à l'enfer
L'honneur d'affûrer ma victoire.

CHŒUR de Guerriers.

Uniffons la flâme & le fer ;
Vengeons fon amour & fa gloire :
Redoublons nos efforts, difputons à l'enfer
L'honneur d'affûrer fa victoire.

BALLET-FIGURÉ.

(Sur un second air, les Génies malfesants
s'excitent à satisfaire la vengeance de leur
Souverain; & à la fin de cet air, MARGIAN,
les GÉNIES MALFESANTS & les GUERRIERS
sortent vivement, pour aller surprendre
RENAUD.)

sur 14. mesures de Prelude, faire Le
changement — et lejour des chassis
a la fin du Prelude Renaud es florestan Entrent

SCÊNE SECONDE.

*Le théâtre repréſente, d'un côté, un camp ;
de l'autre, une partie extérieure de murail-
les, en partie démantelées : le fond eſt
occupé par la mer, au milieu de laquelle
on voit une tour lumineuſe, gardée &
deffendue par des géants & des monſtres.*

RENAUD, FLORESTAN.

RENAUD.

Aux devoirs du guerrier formé par un
grand roi,
Élevé dans ces lieux, devenus ma patrie,
Par l'opprobre des fers quand je la vois
flétrie,
La ſauver, ou mourir, eſt ma première loi.

FLORESTAN.

Sur ces bords, fumants de carnage,
Du pouvoir des enfers tout vous offre l'image:
Regardés

Regardés ces affreux géants,
Voyés ces monftres menaçants...

RENAUD.

Vois cette tour, où gémit mon amante ;
Entends les cris de fa voix expirante,
Jufques dans le fond de mon cœur
Porter le défefpoir, exciter ma valeur ...
C'eft à moi de brifer fa chaîne.

Des Ifles d'Or il faut venger la reine ;
Il faut de Margïan, de ce vil enchanteur,
Punir la fureur & la haîne,
Et dans fon fang éteindre fon ardeur.

Contre moi, des enfers qu'il épuife les
charmes ;
Renaud, avec fes feules armes,
Se flate encor d'être vainqueur.

FLORESTAN.

Joignés la prudence au courage.

L'eclat de vos exploits raffemble auprès de
vous   C

Quelques guerriers, échappés à la rage
Du barbare ennemi, que pourſuivent vos
coups :
De ce ſecours au-moins ſaiſiſſés l'avantage.

RENAUD.

Conſternés, plûtôt que vaincus,
La frayeur, dans ce camp, les tient tous
abattus ;
Mais je ſaurai leur faire entendre
Et la voix de la gloire & celle des vertus.

A leur devoir ſi je ne puis les rendre,
S'il me faut ſeul triömpher, ou périr,
Je puis du-moins leur apprendre
Comment un guerrier doit mourir.

FLORESTAN.

Ah ! le ciel vous doit la victoire.

RENAUD.

Guerriers, raſſemblés-vous ; accourés à ma
voix.

[Annotations manuscrites en marge :]

X Sur 5. mesures de
Prelude les M.rs des
chœurs entrent Sans
ordre Sans armes
et Sans coëffures)

20. Soldats du parti de
Renaud aussi Sans coëffures
et Sans armes entrent
en même tems
tumultuairement

Les D.lles des chœurs restent
dans les coulisses ?

SCÊNE TROISIEME.

RENAUD, FLORESTAN, GUERRIERS,
qui arrivent tumultuairement & sans armes.

RENAUD.

IMITÉS ces héros, d'eternelle mémoire,
Qui fonderent vos murs, qui dicterent vos
loix.

Dignes enfants de Mars, on les vit autrefois,
Unis sous ses drapeaux, animés par la gloire,
Domter les nations, braver l'orgueil des rois.

CHŒUR.

Honorons ces héros d'eternelle mémoire,
Qui fonderent nos murs, qui dicterent nos
loix.

RENAUD.

De ces héros vous tenés la lumière ;
Rendés-vous dignes d'eux par votre adeur
guerrière...   C ij

Mais d'un lâche fommeil vos fens font
enivrés :
De cruëls enchanteurs vont devenir vos
maîtres,
Eux qui, fous vos ancêtres,
Auroient porté les fers qui vous font pré-
parés !..

Éveille-toi, vole à la gloire,
Peuple ; tes ennemis font au pié de ces
murs :
Bellonne fur tes pas va fixer la victoire ;
Cours au combat, tes coups font fûrs :
Éveille-toi, vole à la gloire.

CHŒUR.

Marchons, commandés-nous ;
Nous allons tous
Trïompher avec vous.

RENAUD.	FLORESTAN.
Quelle gloire pour vous !	Quelle gloire pour nous !
Vous allés tous	Ils veulent tous
Trïompher avec nous.	Trïompher avec vous.

RENAUD.

Ah , que la victoire a de charmes !
Elle vole après nous.
Aux armes,

CHŒUR.

Courons aux armes.

RENAUD.

Ah , que la victoire a de charmes !

CHŒUR.

Courons aux armes.
Ah , que la victoire a de charmes !
Elle vole après nous.

RENAUD.

Une reine opprimée en vain gémira-t-elle ?
Sa fille , dans les fers , par ses cris nous
apelle.

22 LA TOUR ENCHANTÉE,

CHŒUR.

Marchons, commandés-nous ;
Nous allons tous
Trïompher avec vous :
Ah, que la victoire à de charmes !
Aux armes ;
Courons aux armes.

(*Sur les dernieres mesures du chœur, les* GUERRIERS *rentrent vivement dans leurs tentes & vont y prendre leurs armes.*)

SCÊNE QUATRIEME.

RENAUD, FLORESTAN,
Un GUERRIER.

LE GUERRIER.

Prince, le perfide enchanteur ;
Dans l'ombre de la nuit, marche pour vous
surprendre ;
Il va paroître.

RENAUD.

Il faut l'attendre ,
Et qu'il éprouve enfin ce que peut la valeur.

sur les 4 premieres mesures [...]
mesures les troupes de margian paroissent et se
forment d'un côté. Sur les 4 dernieres mesures
de la même marche Les troupes de Renaud
entrent et se forment de l'autre côté ayant a
leur tête un
autre Guerrier
chantant

Renaud florestan
et le 1.er Guerrier
chantant se
mettent a la tête
de leur parti
et le combat
commence

Pendant le combat
faire avancer
le char de
margian

Renaud s'elance
Sur le char combat
margian et le tue

Le jour de la Rampe

SCÈNE CINQUIEME.

Les ACTEURS de la scène précédente.

GUERRIERS du parti de RENAUD,
GUERRIERS du parti de MARGIAN.

MARGIAN, sur un char traîné par des griffons.

(LES Guerriers du parti de RENAUD rentrent
sur la scène, couverts de leurs armes, & se
rangent en bataille, à l'un des côtés du théâtre;
de l'autre, arrivent les troupes de MARGIAN:
RENAUD se met à la tête des siens, & l'action
s'engage. Au fort du combat, MARGIAN ac-
court sur un char traîné par des griffons, qui
jettent des flâmes. RENAUD s'élance sur le
char, attaque le magicien & le tue: à l'instant
de sa mort, le tonnerre gronde & tombe sur les
monstres & les géants, qui sont abîmés dans
les enfers; le parti de MARGIAN est vaincu,
culbuté & il disparoît: la Tour enchantée se
brise, un nuage lumineux, enleve la Princesse;
& la Reine paroît dans un char éclatant.)

SCÈNE

dans cet instant precis faire abimer les géants
les monstres et la tour même tems. Le Tonnerre
[...] de la machine de la comparse Representant
Zelenie et celui du char de la Reine qui descendra
jusqu'a terre. Sur une symphonie de 8 mesures

SCÊNE SIXIEME.

LA REINE, *dans son char.*

RENAUD & *toute sa* SUITE.

LA REINE.

Gᴇ́ɴᴇ́ʀᴇᴜx chevalier, c'est à votre vail-
lance
Que je dois un bonheur, que je n'esperois
plus :
Vous me rendés ma gloire & ma puis-
sance ;
Venés jouïr de ma reconnoissance.
De votre amour, de vos vertus
Ma fille, en ce beau jour, sera la récom-
pense.

(Rᴇɴᴀᴜᴅ *va se placer auprès de la*
Rᴇɪɴᴇ *dans son char, qui s'enleve*
& *disparoît pendant le chœur suivant.*)

D

Sur 6. mesures de simphonie ou même morceau — Renaud se place dans le char de la Reine après qu'il y est placé faire le vol de ce char pendant le chœur suivant

Deux GUERRIERS, *avec le* CHŒUR.

Chantons Renaud & ſes combats ;
Chantons le dieu terrible
Qui donne la force à ſon bras.

L'Enchanteur eſt détruit & la terre eſt
paiſible :
A ſa valeur rapide il n'eſt rien d'impoſſible,
Et par tout la victoire a volé ſur ſes pas.

Chantons Renaud & ſes combats ;
Chantons le dieu qui le rend invincible ;
Chantons le dieu terrible
Qui donne la force à ſon bras.

(*Sur la finale de ce chœur, les* GUERRIERS
diſparoiſſent.)

X Sur la finale du chœur tout le monde ſe
Retire. Les M.rs des chœurs quittent leurs
cuiraſſes et leurs armes pour reparoître
en peuple. /

SCÊNE SEPTIEME.

LA REINE, ZÉLÉNIE, RENAUD, JUGES du Camp, DAMES de la Cour.

Le théâtre repréſente un Cirque, préparé pour un Tournoi.

LA REINE, à ZÉLÉNIE.

DE ce héros vous êtes la conquête,
Et votre himen va combler mes deſirs.
De ces moments, deſtinés aux plaiſirs,
Les plus nobles guérriers vont embellir la
fête
Par un Tournoi, digne de leurs loiſirs.

Laiſſés éclater l'allegreſſe
Qui doit regner dans votre cœur.
On n'a point à rougir d'une vive tendreſſe,
Quand on trouve un époux dans un amant
vainqueur.

D ij

RENAUD.

(*à lui.*)   (*à* ZÉLÉNIE.)
Dieux, quels inftants!.. Adorable prin-
ceffe,
Ah, daignés d'un feul mot confirmer mon
bonheur !

ZÉLÉNIE.

Mon devoir, mon penchant, l'éclat de
votre gloire,
Tout affûre à l'Amour la plus douce victoire.

ZÉLÉNIE & RENAUD.

Ah ! combien vous m'aimerés,
Si mon cœur vous fert de modele :
Qu'avec plaifir vous formerés
Les nœuds d'une chaîne éternelle ! ✕

X Sur une Simphonie de
16. mesures les juges
en champ d'avanture
conduisent la Reine, Zélénie et Renaud
à la tribune au bas de laquelle les juges
se replacent. Les Dames de la cour accompagnent
La Reine.

1re marche pour les tenants et tout leur cortege.
2eme marche pour les assaillants avec tout
leur cortege. 3eme marche pour les chefs de
cadrilles avec leur suite.

SCÈNE HUITIEME.

Les ACTEURS de la scène précedente, CHEVALIERS TENANTS & ASSAILLANTS.

HERAUTS.

Suite des CHEVALIERS, PEUPLES.

Les Mrs et les D(ame)s des choeurs entrent et se placent sur les gradins

(Sur une marche, les Chevaliers tenants arrivent, avec tout leur cortege, & se rangent à l'un des côtés du théâtre : sur une seconde marche, les Chevaliers assaillants arrivent, avec tout leur cortege, & se rangent de l'autre côté : sur une simphonie, les Juges du camp conduisent la REINE, ZÉLÉNIE & RENAUD à la tribune qui leur est réservée : les Dames de la Cour de la Reine & les peuples se placent sur les gradins qui sont sur les flancs.

1er air vif de combat pour les 16 chevaliers suivi d'une fanfare

Sur plusieurs morceaux de simphonie, d'un caractère analogue à l'action, le Tournoi est exécuté, tant par les simples Chevaliers que par les chefs de Cadrilles.

2eme air de combat pour les chefs de cadrilles suivi d'une simphonie et d'un dernier morceau

30 LA TOUR ENCHANTÉE,

Après l'achevement du Tournoi, qui est terminé
sur une simphonie de triomphe, le Chef de
Cadrille vainqueur est conduit à la tribune
où est la Reine : il y est désarme par les
Dames de la Cour, qui forment en même-
tems des danses agréables autour de lui :
pendant ces danses, la REINE lui fait don-
ner le prix de sa victoire. Cette partie de
la fête est coupée par le morceau qui suit.)

Une DAME de la Cour, seule & alternativement
avec le CHŒUR des Dames de la suite
de la REINE.

PAR nos voix le plaisir t'apelle,
Dans nos cœurs viens lancer tes feux ;
Quitte les cieux,
Amour, viens en ces beaux lieux,
Suivi des Grâces & des Jeux.

Sous tes loix, l'amant fidele
Cèsse de former des vœux ;
Et sa flâme, toûjours nouvelle,
Rend son sort digne des dieux.

Sous tes loix, l'amant fidele, &c,
(Air pour le Chevalier vainqueur.)

SCÊNE NEUVIEME & DERNIÈRE.

Les ACTEURS *de la scêne précédente.*

TROUBADOURS.

(Entrée des Troubadours , en danſant.)

Un TROUBADOUR.

SUR l'aîle des plaiſirs la Gaîté ſuit nos pas;
Elle embellit pour nous les plus brillants
 appas.
 A chaque inſtant ſon doux ſoûrire
 Du dieu des cœurs étend l'empire.
Ce dieu charmant aurait bien moins
 d'appas ,
Si la Gaîté ne voloit ſur ſes pas.

(Les Troubadours continuent leurs danſes.)

Une DAME *de la Cour & un* TROUBADOUR ,
d'abord en duo , & ensuite avec
le CHŒUR *géneral.*

Himen , c'est le jour de ta gloire ,
Vole , allume tes feux au flambeau de
l'Amour.
Qu'à jamais de cet heureux jour
Les Jeux & les Plaisirs consacrent la mé-
moire.

(*Un divertissement géneral termine ce Ballet.*)

F I N.